AF315942

LE CAS

DE

LA FEMME D'ARRETIUM

Cicéron, *pro Cæcina*, 33, 34

PAR

F. DESSERTEAUX

PROFESSEUR A LA FACULTÉ DE DROIT
DE L'UNIVERSITÉ DE DIJON

Extrait des *MÉLANGES GÉRARDIN*

LIBRAIRIE
DE LA SOCIÉTÉ DU RECUEIL J.-B. SIREY & DU JOURNAL DU PALAIS
Ancienne Maison L. LAROSE et FORCEL
22, *rue Soufflot*, PARIS, 5e *arrdt*
L. LAROSE & L. TENIN, Directeurs

1907

LE CAS

DE

LA FEMME D'ARRETIUM

(Cicéron, *pro Cæcina*, 33, 34).

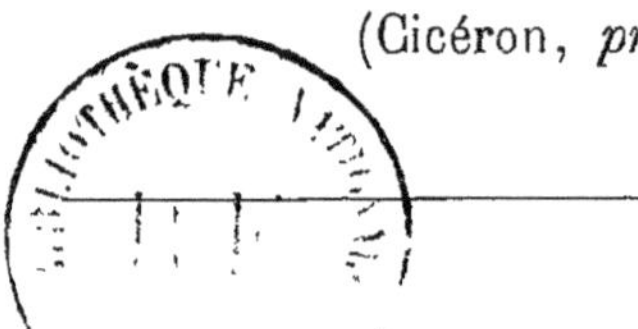

Les auteurs ont invoqué le texte de Cicéron (*pro Cæcina*, **33, 34**) dans la discussion de deux grandes questions. M. Cohn [1] a fait remarquer que le texte [2] parle de perte de la *civitas* et de la *libertas*, et ne prononce pas le mot de *capitis deminutio;* il en a conclu que les *capitis deminutiones maxima et media*, inconnues au temps de Cicéron n'ont fait leur apparition qu'après lui [3]. Je laisse ici de côté cette question qui tient à l'histoire même de la *capitis deminutio* et ne peut être esquissée en quelques pages. Dans un tout autre ordre d'idées, on a fait intervenir, dans la question de savoir si la *legis actio* appartenait au pérégrin, le texte du *pro Cæcina*, précisément dans le passage relatif à la femme d'Arretium dont Cicéron rapporte avoir plaidé la cause. C'est cet épisode

---

[1] Max Cohn, *Beiträge zur Bearbeitung des römischen Rechts*, I Band, Heft II, *Zur Lehre von den capitis deminutio*, Berlin, 1880, p. 41 sq., 81, n. 3, et surtout p. 387 sq.

[2] Il en est de même au *pro Domo*, 29.

[3] M. Eisele (*Beiträge zur Bearbeitung des römischen Rechtsgeschichte*, Friburg und Leipzig, 1896, p. 160-216), le dernier auteur qui ait écrit une monographie de la *c. d.*, et qui admet le même point de vue sur l'apparition des *c. d.* maxima et media, n'a pas reproduit l'argument tiré par M. Cohn des textes de Cicéron ; il semble par là même ne pas lui attacher d'importance.

que je crois intéressant d'étudier pour montrer qu'il est
étranger à la question de savoir si les pérégrins ont eu ou
non la *legis actio;* l'intérêt du texte dans l'explication que je
propose est ailleurs; il consiste dans un renseignement précis sur le sens du mot *libertas* à l'époque de Cicéron [1]. Tout
en insistant principalement sur le cas de la femme d'Arretium,
j'expliquerai le texte dans son ensemble, afin de ne pas rom-
pre l'enchaînement de la pensée, et de ne pas courir le ris-
que, en isolant tel ou tel passage, d'en fausser le sens. Pour
la commodité de l'explication, je distingue quatre parties
dans le texte : *a*) position du raisonnement; *b*) exemple de la
femme d'Arretium ; *c*) objections possibles et réfutation ; *d*) conclusion.

a) *Position du raisonnement.*

Æbutius, adversaire de Cæcina, lui dénie tout droit à l'hé-
rédité qu'il réclame, parce que comme tous les habitants de
Volaterræ, il a été privé du droit de cité par une loi votée
sur la proposition de Sylla [2]. Cicéron répond : il essaye de
montrer que la cité n'a pu être enlevée à Cæcina. Il part
du principe qu'il est des choses que le peuple ne peut ni
ordonner, ni défendre ; ainsi le peuple aurait beau ordonner
que je fusse votre esclave ou vous le mien, cet ordre serait
non avenu [3]. Ceci admis (*Primum illud concedis, non, quid-
quid populus jusserit, ratum esse oportere*), Cicéron déclare
que si la *libertas* ne peut en aucune façon être enlevée, il

<hr>

(1) C'est un jalon précieux pour fixer les divers sens du mot *libertas* et
partant l'évolution générale de la théorie aux diverses époques du droit ro ·
main; j'essayerai ailleurs de le faire. Cfr. Mommsen, *Droit public*, VI, 1, p. 69.

(2) V. l'exposé des faits de la cause du *pro Cæcina* dans la *Controversia
possessionis* et la *vis ex conventu* à propos de l'interdit *uti possidetis*, par
R. Saleilles, Paris, 1892, p. 41 sq. Cfr. H. Bögli, *Ueber Ciceros Rede für A
Cæcina*, Bugdorf, 1906, p. 7.

(3) Je résume ainsi le texte depuis : *At enim legem Sulla tulit.*, jusqu'à :
Perspicis hoc nihil esse, ut in ceteris, quæ rogavit. Sur la clause, insérée
dans la loi de Sylla : « si quid jus non esset rogari, ejus ea lege nihilum
rogatum », Cfr. Cuq, *Dictionnaire des antiquités grecques et romaines,*
v° *Lex*, t. V, p. 1125, n. 7; Mommsen, *Dr. publ.*, t. VI, 1, p. 414, n. 1.

n'y a aucune raison de décider que la *civitas* puisse l'être (*Deinde nihil rationis affers, quamobrem, si libertas adimi nullo modo possit, civitas possit*). Par perdre la *libertas*, il entend bien entrer en servitude; l'exemple mis au début même du texte le prouve.

Puis vient le point culminant du raisonnement : *nam et eodem modo de utraque re traditum nobis est ; et, si semel civitas adimi potest, retineri libertas non potest. Qui enim potest jure Quiritium liber esse is, qui in numero Quiritium non est?* Il est de tradition, dit-il, que les deux choses suivent la même règle, et si la *civitas* peut être enlevée, la *libertas* ne peut être conservée : qui peut être *liber ex jure Quiritium* qui n'est pas au nombre des Quirites?

Il y a deux parties dans ce raisonnement : 1° la *libertas* et la *civitas* suivent la même règle d'après la tradition; donc puisque la *libertas* ne peut être enlevée *ullo modo*, il en est de même de la *civitas*; 2° il faut qu'il en soit ainsi, car si on admettait que la *civitas* pût être enlevée, la *libertas* ne pourrait être conservée; qui peut être *liber ex jure Quiritium* qui n'est pas citoyen? Donc admettre qu'on puisse enlever la *civitas* à quelqu'un, c'est admettre qu'on lui enlève la *libertas*, ce qui est impossible d'après les prémisses du premier raisonnement.

Le point de vue de Cicéron est très net : la *libertas* apparaît comme une conséquence nécessaire de la *civitas;* elle n'existe pas comme une condition juridique en dehors de la *civitas* [1]. Par là même, le sens que Cicéron attribue au mot *libertas* est facile à préciser; dans la phrase : *deinde nihil rationis affers, quamobrem, si libertas adimi nullo modo possit, civitas possit,* et dans tout le passage précité, Cicéron entend par perdre la *libertas,* entrer en esclavage; je l'ai montré ci-dessus; or, comme les exemples cités plus loin, notamment ceux de l'*incensus* et de l'*infrequens,* prouvent que Cicéron parle de *cives* perdant la *libertas,* il s'ensuit qu'il prend ce

____

(1) Karlowa, *Röm. Rechtsgeschichte,* II (1893-1901), p. 100.

mot comme synonyme de *civitas libertasque;* tout son raisonnement consiste alors dans cette proposition : puisque la
civitas libertasque ne peut être perdue d'aucune manière, la
civitas ne peut pas l'être, car sa perte entraîne celle de la
libertas; d'où la conclusion, Cæcina n'a pu être privé de la
civitas.

   b) *Exemple de la femme d'Arretium.*

A l'appui de sa thèse, Cicéron rapporte ensuite une espèce
qu'il a plaidée dans sa jeunesse : « Atque ego hanc adolescentulus causam cum agerem contra hominem disertissimum
nostræ civitatis Cottam, probavi. Cum Arretinæ mulieris libertatem defenderem, et Cotta decemviris religionem injecisset, non posse sacramentum nostrum justum judicari, quod
Arretinis adempta civitas esset, et ego vehementius contendissem, civitatem adimi non potuisse : decemviri prima actione
non judicaverunt : postea, re quæsita et deliberata, sacramentum nostrum justum judicaverunt. Atque hoc et contradicente Cotta, et Sulla vivo, judicatum est. Jam vero, in
ceteris, ut omnes qui in eadem causa sunt, et lege agant, et
suum jus persequantur, et omnes jure civili, sine cujus quam
aut magistratus, aut judicis, aut periti hominis, aut imperiti
dubitatione, utantur, quid ego commemorem? dubium nenimi vestrum est ». Comment comprendre ce texte? Pour
MM. Wlassak et Girard, il a trait à l'aptitude des pérégrins à la
legis actio; mais, dans cet ordre d'idées ils ne lui donnent pas
la même portée. M. Wlassak (1), en 1891, y trouve la preuve
que les pérégrins n'ont pas la *legis actio;* M. Girard (2), en
1901, insiste sur le passage : jam vero, in ceteris, ut omnes
qui in eadem causa sunt, et lege agant...; il signifie pour lui
que tous ceux qui sont dans la même situation, c'est-à-dire
privés du droit de cité par Sylla « sont regardés comme
ayant en toute matière le droit de *lege agere* », et il conclut :

<hr>

(1) *Römische Processgesetze,* II, p. 186 sq.

(2) *Histoire de l'organisation judiciaire des Romains,* t. I, Paris, 1901,
p. 216, n. 1. Cfr. p. 103-104, 206, n. 2, 213-217 et les références.

« cela ne prouve pas, comme le veut M. Wlassak, que les pérégrins n'aient jamais eu la *legis actio*, mais cela prouve qu'ils ne l'ont pas toujours ».

Je crois ce texte susceptible d'une tout autre interprétation : pour moi, il est étranger à la question de savoir si les pérégrins ont ou non la *legis actio*. Pour en comprendre la portée, il faut mettre en relief et tenir comme élément essentiel de l'interprétation un fait de la cause que MM. Wlassak et Girard mentionnent sans insister ; la femme, privée de la cité seule comme tous les habitants d'Arretium, est cependant obligée, dans la cause, de défendre sa liberté et par là même de recourir à la *causa liberalis* dans la forme du *sacramentum*[1]. Je vais rechercher, en partant de cette donnée, quel était exactement le rôle de chaque partie dans l'affaire, et la question débattue entre elles. D'après le bref récit de Cicéron, qui semble rappeler des faits que tout le monde connaît, il paraît, au premier abord, assez difficile de savoir quelle était celle des deux parties qui, selon l'expression de Gaius[2], *prior vindicaverat*. Cicéron dit : *cum causam agerem*, et plus loin surtout, *atque hoc et contra dicente Cotta... judicatum est*, termes qui semblent bien indiquer que la femme avait commencé par revendiquer sa liberté, et que le client de Cotta avait répondu par une *contra vindicatio in servitutem*. Il est vrai que, d'autre part, Cicéron déclare : *cum Arretinæ mulieris causam defenderem*, d'où l'on pourrait induire que la femme avait répondu à la *vindicatio in servitutem* du client de Cotta par une *vindicatio in libertatem*. La locution *causam defenderem*, à mon avis, n'a pas cette portée ; elle ne peut détruire la force décisive, pour moi, du passage *atque hoc et contra dicente Cotta;* elle signifie simplement que Cicéron a été l'avocat de la femme d'Arretium ; mais, comme il peut y avoir doute, il est bon d'exami-

----

(1) Cfr. Schlossmann, *Ueber die Proclamatio in libertatem*, Z. Savigny-*Stiftung,* 1892, t. XIII, p. 225 sq.

(2) G., IV, 16.

ner successivement les deux hypothèses, et de chercher, dans chacune d'elles, si la conception de MM. Wlassak et Girard est admissible.

1° La femme d'Arretium, libre en fait, a été revendiquée *in servitutem* par le client de Cotta : il a dit *in jure : hanc... meam esse ex jure Quiritium aio;* et l'*adsertor* de la femme a répondu : *hanc... liberam esse ex jure Quiritium aio.* Cotta, devant les Décemvirs, doit justifier la prétention de son client, c'est-à-dire prouver que la femme lui appartient *ex jure Quiritium;* s'il fait cette preuve, la *legis actio* est très régulièrement et valablement intentée. Or Cotta se borne à dire : *quod Arretinis adempta civitas esset;* cela peut-il signifier que la femme d'Arretium étant pérégrine n'a pas la *legis actio?* Certainement non, à mon avis, car alors on ne comprendrait pas l'argumentation de Cotta; son client a affirmé *in jure* que la femme lui appartient *ex jure Quiritium;* s'il plaide sa cause en déclarant que la femme étant privée du droit de cité n'a pas la *legis actio,* cela n'a pas de rapport avec la preuve qu'il doit administrer et le but qu'il poursuit; car, s'il est établi que la femme, tout en étant privée du droit de cité, n'est pas l'esclave de son client, il perdra son *sacramentum*, et la femme restera libre à Arretium comme avant l'exercice de la *legis actio.* Il est donc nécessaire que le : *quod Arretinis adempta civitas esset* que Cotta donne comme argument décisif, puisqu'il est unique, se réfère directement à la preuve qui lui incombe.

2° La femme, esclave en fait à Arretium, revendique sa liberté : elle intente contre son prétendu maître la *vindicatio in libertatem* et Cotta, pour défendre ce maître, se borne à répondre, dans la manière de voir que je combats, que la *legis actio* n'a pas été valablement intentée, parce que la femme n'étant pas *civis romana*, n'a pas droit à la *legis actio;* elle doit donc être repoussée et rester en fait esclave du client de Cotta. Je réponds que je ne vois nulle part dans les textes qu'il soit possible d'écarter une *legis actio* en général, soit *in jure*, soit *in judicio*, par une sorte de question préalable relative au droit de cité; et quand bien même cela serait possible pour la *legis actio* en général, il y aurait nécessairement exception au principe dans le cas spécial que j'étudie; il est inadmissible que quand une personne qui passe pour esclave fait la *vindicatio in libertatem*, on lui refuse la *legis actio* ou on la déclare mal fondée parce qu'elle est pérégrine, ou d'une façon plus large *non civis*; on ne peut pas exiger de celui qui se prétend *liber ex jure Quiritium*, qu'il établisse, préalablement à la *legis actio*, son droit de cité; car c'est là le but même de la *legis actio*. Dans le cas particulier de la femme d'Arretium, il est certain que la question préalable du droit de cité n'a pas été, et n'a pu être élevée *in jure*; la *vindicatio in libertatem* de la femme a eu lieu, et la *contra-vindicatio* en termes solennels et symétriques a été faite par le client de Cotta en ces termes : *hanc... meam esse ex jure Quiritium aio;* s'il s'était borné à dire que la *civitas* a été enlevée à la femme, il n'y aurait pas eu de sa part contestation régulière [1]; la prétention de la femme qu'elle est *libera ex jure Quiritium* eût été considérée comme acquise, et il n'y aurait pas lieu d'aller devant les Décemvirs. Or Cicéron et Cotta sont devant les Décemvirs; la *legis actio* a donc suivi son cours régulier *in jure*; Cotta, devant les Décemvirs, doit prouver ce que son client a affirmé *in jure*, c'est-à-dire que la femme lui appartient *ex jure Quiritium*, sinon son *sacramentum* est déclaré *injustum* et les Décemvirs n'ont pas d'autre point à examiner que celui-ci : le *sacramentum* de chaque partie est-il *justum* ou *injustum ?* Quant à la femme, si en réalité, elle est pérégrine, elle ne pourra pas prouver qu'elle est *libera ex jure Quiritium* et son *sacramentum* sera réputé *injustum :* telle est la situation : je crois avoir ainsi montré que le passage de Cicéron n'a aucun rapport avec la question générale de l'aptitude des pérégrins à la *legis actio*.

Voici l'explication que je propose en suivant le texte pas

(1) Girard, *Manuel élémentaire de droit romain,* 4ᵉ éd., p. 974, n. 1 et ses références.

à pas. Après avoir dit : *qui enim potest jure Quiritium liber esse is qui in numero Quiritium non est?* Cicéron déclare : *atque ego hanc adolescentulus causam probavi,* c'est cette cause que j'ai fait triompher dans ma jeunesse [1]. Quelle était exactement la situation? La cité ayant été enlevée par Sylla aux habitants d'Arretium, la femme en cause avait perdu la *civitas,* et par là même n'était plus *libera ex jure Quiritium;* elle n'avait plus qu'une liberté de fait; aussi un citoyen peu scrupuleux l'avait appréhendée comme esclave et la retenait en servitude; la femme fait par l'organe de l'*adsertor,* la *vindicatio in libertatem,* et son prétendu maître la *vindicatio in servitutem;* la *legis actio* est régulièrement instituée et les parties sont devant les Décemvirs. Là, Cicéron essaye de démontrer que la cité n'a pu être enlevée aux habitants d'Arretium par Sylla et qu'en conséquence, la femme qu'il défend n'a pas perdu la *civitas libertasque,* c'est-à-dire qu'elle est, comme l'a prétendu son *adsertor, libera ex jure Quiritium.* Cotta répond, et Cicéron résume ainsi très exactement son plaidoyer : *quod Arretinis adempta civitas esset,* c'est-à-dire que la cité ayant été enlevée aux habitants d'Arretium, la femme en cause n'a plus la *civitas,* par là même elle n'est plus *libera ex jure Quiritium,* par conséquent son *sacramentum* doit être déclaré *injustum,* et elle doit elle-même être maintenue dans l'état antérieur à la *legis actio,* c'est-à-dire en servitude du client de Cotta; cette femme n'ayant plus qu'une liberté de fait, a pu être valablement appréhendée comme esclave par lui. comme il aurait pu le faire d'une esclave sans maître. En présence de ces deux prétentions rivales, et opposées l'une à l'autre au fond du

(1) Cicéron prononça le *pro Cæcina* en 685, à l'âge de 38 ans ; la date de la cause de la femme d'Arretium n'est pas certaine ; mais il y a deux limites qui permettent de la fixer ; elle est sûrement postérieure aux proscriptions de Sylla, qui cessèrent en juin 673, mais elle doit être très rapprochée de cette époque, puisque Cicéron a plaidé cette cause *ut adolescentulus,* et qu'en 673, il avait 26 ans, âge qui peut à la rigueur se rapporter au terme employé : peut-être en 685 Cicéron essayait-il de se faire passer pour plus jeune qu'il n'était en réalité quand il plaida cette cause célèbre.

droit, les Décemvirs après de fortes hésitations [1], donnèrent raison à Cicéron, c'est-à-dire décidèrent que la femme, ayant conservé la *civitas*, a nécessairement la *libertas*. Mais par là même, si la cité avait été régulièrement enlevée à cette femme, ou si les Décemvirs avaient jugé qu'il en était ainsi, Cicéron, en plaçant son argumentation sur ce terrain unique, semble bien avouer qu'il n'aurait pu triompher dans l'instance et arracher sa cliente à l'esclavage ; en un mot, il n'aurait pu prétendre qu'elle avait perdu la cité, mais conservé la liberté, preuve manifeste, qu'encore au temps de Cicéron, la *libertas* seule n'était pas considérée comme une condition juridique, mais bien comme un accessoire nécessaire de la *civitas*, et, en dehors de la *civitas*, comme un simple état de fait [2].

Il reste la phrase : *jam vero in ceteris* etc...; voici, à mon avis, son sens précis : Cicéron vient de dire qu'il y a douze ans environ, il a fait triompher la cause de la femme d'Arretium devant les Décemvirs. Il continue ainsi : depuis lors (*jam vero*) tous ceux qui sont dans la même situation, ont la *legis actio*, poursuivent leurs droits et jouissent de tous les droits civils ; cela n'est douteux pour personne. Cicéron revient ainsi à Cæcina ; la décision qu'il a obtenue des Décemvirs dans un procès célèbre où un grand orateur, Cotta [3], était son adversaire, a fait jurisprudence — Cicéron n'est pas fâché de rappeler son rôle à cet égard — et depuis lors tous ceux qui sont dans la situation de la femme d'Arretium, jouissent de tous les droits civils ; il est donc impossible de contester à Cæcina le droit d'être héritier.

(1) *Pro Cæc.*, 34 : « Prima actione non judicaverunt. Postea, re quæsita et deliberata, sacramentum nostrum justum judicaverunt ».

(2) Inutile d'insister sur l'hypothèse peu vraisemblable (*suprà*, p. 6) où la femme, libre en fait, aurait été d'abord revendiquée en servitude, puis aurait répondu par la *vindicatio in libertatem*. Je pourrais reproduire mon explication. Cotta déclare que la femme ayant perdu la *civitas* n'est pas *libera ex jure Quiritium* et qu'en conséquence son *sacramentum* doit être déclaré *injustum*.

(3) V. Duruy, *Histoire des Romains*, éd. illust., II, p. 570.

Qu'on le remarque, dans cette cause dont parle Cicéron et
qui est la *causa liberalis*, il n'est question que du droit de
cité ; le seul argument de Cotta est de dire : *quod Arretinis
adempta civitas esset ;* et il n'est fait allusion à l'esclavage que par
un mot de Cicéron, *cum Arretinæ mulieris civitatem defenderem*, qui se rapporte plutôt à la procédure employée, la *causa
liberatis*, qu'à l'esclavage lui-même. Faut-il aller jusqu'à dire
que le *sacramentum* ou *assertio in libertatem* pouvait servir à
faire reconnaître la *civitas*, alors que la question de liberté
n'était pas soulevée ? je ne le crois pas. Cela me semble in-
compatible, non seulement avec tous les textes, mais aussi
avec les formes mêmes de l'action ; la nécessité de l'*adsertor
libertatis*, trait original de la procédure, prouve que l'intéressé est esclave, au moins en fait ; s'il ne s'agissait pas d'un
prétendu esclave, il n'y aurait aucune raison de l'empêcher de
figurer lui-même à l'action comme plaideur ; mais pourquoi
ne rencontre-t-on pas à Rome dès les temps anciens (1) « une
procédure spéciale pour faire décider si un individu est citoyen ou non, comme il y en a une pour faire décider s'il est
libre ou non » ? Cela tient au point de vue ancien que le texte
de Cicéron m'a permis de mettre en relief : la *libertas* est
considérée, encore à cette époque, comme un accessoire de
la *civitas ;* si on veut faire reconnaître qu'on est libre, il faut
prouver qu'on est *liber in jure Quiritium*, c'est-à-dire qu'on
a la *civitas libertasque*, et si on prouve qu'on a la *civitas*,
il s'ensuit nécessairement qu'on a la *libertas ;* originairement
donc deux procédures différentes ayant chacune un domaine
spécial ne se comprennent pas. Cette conception particulière
n'engendrait dans la société de la république, avant
Sylla, aucune difficulté : si la liberté d'un Romain est contes-
tée, il est nécessaire de recourir à la *causa liberatis ;* mais si
la question de liberté n'est pas soulevée et qu'un Romain réclame telle ou telle prérogative du droit de cité, ou se voie
dénier le droit de cité seul, tout devait se borner dans le prin-

(1) Girard, *Manuel,* 4ᵉ éd., p. 107.

cipe, à une pure question d'ordre administratif, par exemple à vérifier si l'inscription de la personne au cens a été régulièrement faite ; les questions de ce genre sont tranchées normalement par les magistrats de l'ordre administratif [1].

L'équilibre de cette législation fut rompu par les mesures violentes de Sylla essayant d'enlever la cité seule à des villes entières [2] ; comment les habitants de ces villes purent-ils la réclamer en justice ? Au lieu d'attendre qu'ils fussent appréhendés par quelque citoyen peu scrupuleux, ils pouvaient, peut-être, usant d'un détour, se faire saisir comme esclaves par un ami complaisant, et alors intenter la *causa liberalis*, et faire reconnaître en eux la *civitas*. Il me paraît cependant que la femme d'Arretium avait été réellement appréhendée comme esclave, car, d'après Cicéron même, Cotta est représenté comme un adversaire sérieux, et non comme un ami avec lequel on est d'accord. Mais, après la cause de la femme d'Arretium, plaidée au lendemain des proscriptions de Sylla, vers 673, les choses à mon avis se passèrent ainsi : le retrait de la *civitas* à des villes entières par Sylla venait de créer une situation jusqu'alors inconnue [3] ; il fallait aviser ; la femme d'Arretium avait eu gain de cause dans une *causa liberalis* sérieuse ; avec leur ingéniosité habituelle, les Romains tirèrent parti de ce que dans le *sacramentum in libertatem*, on réclame *civitas libertasque*, c'est-à-dire la *civitas* et comme sa conséquence nécessaire la *libertas*. Grâce à une appréhension comme esclave due à la complaisance d'un ami, celui que Sylla a dépouillé de la *civitas*, met en mouvement, par l'intermédiaire de l'*adsertor*, l'*actio sacramenti* et il trouve à user de cette procédure, l'avantage considérable, entr'au-

---

(1) Mommsen, *Strafrecht*, p. 858-859.

(2) Mommsen, *Dr. publ.*, VI, 1, p. 156.

(3) Le droit complet de cité fut enlevé à titre de peine pour la première fois en 673 par Sylla à Volaterræ et à Arretium. Auparavant on ne trouve que le retrait du demi-droit de cité (*civitas sine suffragio*) en 544 à diverses villes de Campanie, notamment à Capoue, après leur défection. Tite-Live, 26, 34 ; Mommsen, *Dr. publ.*, VI, 1, p. 156 et VI, 2, p. 186.

tres [1], qui dut le faire conserver aussi longtemps que possible, que la réclamation de la *civitas* se masquant derrière la *causa liberalis,* il peut, s'il perd son procès, jouir de la règle spéciale qu'il comporte, et courir à nouveau la chance de le gagner [2]. On a ainsi dans le *sacramentum in libertatem* détourné de son but primitif — arracher une personne à l'esclavage — le moyen de faire trancher par l'autorité judiciaire la question de savoir si une personne a ou non la *civitas.*

Il ne semble pas que ce détour ait exposé à d'autres conséquences, outre la perte du *sacramentum,* que de se voir refuser la *civitas;* c'est seulement sous l'Empire qu'on frappe d'une peine l'usurpation du droit de cité [3]. En 685, dans le *pro Cæcina,* la question du droit de cité se présente incidemment; Cæcina se voit contester la qualité d'héritier sous prétexte que comme habitant de Volaterrae il a été privé du droit de cité par Sylla; il semble bien que le juge du procès principal au civil ait été compétent pour statuer sur cette question incidente, car Cicéron, dans son plaidoyer, traite la question à fond. Les tribunaux de l'ordre judiciaire saisis soit par le détour décrit ci-dessus, soit incidemment à une question de leur compétence, étaient arrivés à trancher la question du droit de cité seul. Quelques années après le *pro Cæcina,* probablement parce que les questions relatives au droit de cité, à la suite des abus de pouvoir de Sylla, se multipliaient et se compliquaient, des lois [4] organisèrent une cour de justice spéciale (*quæstio*) pour trancher les ques-

---

(1) Le taux du *sacramentum* est fixé au minimum. G. IV, 14. La compétence est attribuée aux *Decemviri litibus judicandis.*

(2) Girard, *Man,* p. 101, n. 5 et ses références.

(3) Suétone, Claude, 25. Mommsen, *Strafrecht,* p. 859, n. 9.

(4) Ce fut l'objet d'une loi Papia de l'an 689. Le *pro Archia* en 692, et le *pro Ballo* en 698 furent prononcés sous l'empire de cette loi. Sur le point de savoir si des lois antérieures n'avaient pas déjà touché à cette matière, voir Mommsen, *Strafrecht* p. 858-859; *Droit Publ.,* VI, 1, p. 225, n. 1; Girard, *Man.,* p. 107, n. 4 et 5.

tions de droit de cité, et c'est alors que pour la première fois
on vit la *civitas* se séparer légalement de la *libertas* [1].

c) *Objections possibles et réfutation.*

Dans la suite du texte [2], Cicéron repousse une objection
qui pourrait lui être faite : si la *civitas* ne peut être enlevée,
comment se fait-il que des citoyens entrant dans une colonie
latine, perdent la cité? De même pour l'*hostibus deditus*, le
fils vendu par son père, l'*incensus* et l'*infrequens* vendus par
le peuple, comment perdent-ils, les uns la *civitas*, les autres
même la *libertas?* Cicéron répond, et sa réponse semble
être une explication traditionnelle, plutôt qu'une invention
oratoire tirée de son imagination [3] : dans tous ces cas, c'est
par sa volonté que l'intéressé perd la *civitas* ou la *libertas;*
pour les latins coloniaires, c'est de leur propre volonté qu'ils
se font inscrire dans la colonie, ou pour éviter le paiement
d'une amende [4]. L'*hostibus deditus* ne perd la *civitas* que

---

(1) Le détour, dont j'ai trouvé trace dans Cicéron, a pu, à cause de ses
avantages particuliers, être conserve même après la loi Papia de 689; cette
loi, en organisant une quœstio pour trancher les difficultés relatives au droit
de cité, ne touchait pas à la causa liberalis, et par là même on pouvait encore après elle, à la suite d'une appréhension réelle ou fictive comme esclave,
recourir à la causa liberalis. Au *pro domo*, prononcé en 697, Cicéron, sem-
blant faire allusion au cas de la femme d'Arretium, déclare que les décisions
de Sylla relatives à la civitas tombèrent même avant lui (*pro domo*, 30, 79).
« L. Sylla, dictatore ferente, comitiis centuriatis, municipiis civitatem ademit;
ademit iisdem agros. De agris ratum est; fuit enim populi potestas; de civitate, ne tamdiu quidem valuit quamdiu illa Sullani temporis arma value-
runt ». En tout cas, le détour signalé disparut définitivement, au début de
l'empire, à la suite des leges Juliæ qui, probablement en 737 (Girard, *Man.*,
p. 994, n. 1) supprimèrent, en principe, la *legis actio*.

(2) Depuis : Certe quœri hoc solere... jusqu'à : Quod si maxime, etc...;
j'explique rapidement les deux dernières parties du texte, à seule fin de
montrer que rien n'y contredit l'explication que j'ai proposée.

(3) Cicéron dit formellement qu'il rapporte une règle traditionnelle « de
utraque re traditum nobis est » et s'abrite derrière l'opinion des majores
(33, 96; 34, 99). Cfr. *pro Domo*, 29.

(4) *Pro Cœc.*, 33, 98 : « Quam multam si sufferre voluissent tum manere
in civitate potuissent ».

quand il s'est fait accepter comme citoyen d'une autre cité [1].
Quant à l'*incensus* et à l'*infrequens*, ils ont eux-mêmes abdi-
qué la *libertas*, l'*incensus* en ne se faisant pas inscrire au cens,
l'*infrequens* en refusant le service militaire, c'est-à-dire en
ne voulant pas défendre sa liberté [2].

L'intéressé peut aussi perdre la *civitas* ou la *libertas*, s'il
est *filiusfamilias*, par la volonté de son *paterfamilias;* elle
produit ici le même effet que la volonté de l'intéressé lui-
même quand il est *sui juris.* Il en est ainsi pour la *civitas*
quand le fils est inscrit dans la colonie latine sur l'ordre du
paterfamilias [3]. Comment ce cas se rattache-t-il au raisonnement général de Cicéron? La perte de la *civitas* est encore
ici volontaire, mais elle arrive, et c'est là ce qu'il y a de particulier à l'espèce, par la volonté du *paterfamilias.*

d) *Conclusion.*

Cicéron conclut : la perte de la *civitas* ou de la *libertas* ne
peut résulter que de la volonté de l'intéressé ou de son *paterfamilias;* elle ne peut avoir lieu dans aucun autre cas. A qui,
et en vertu de quelles lois, dit Cicéron, a-t-on jamais enlevé la
civitas ou la *libertas* [4]? Puis il revient au cas de l'exil, et dans

---

(1) *Pro Cæc.*, 34 : « Si non accipiunt, ut Mancinum Numantini, retinet in-
tegram causam et jus civitatis ».

(2) *Pro Cæc.*, 34, 99. « Jam populus cum eum vendidit qui miles factus
non est, non adimit ei libertatem sed judicat non esse liberum qui, ut liber
sit, adire periculum noluit; cum autem incensum vendit, hoc judicat : quum
is qui in servitute justa fuerit, censu liberetur, eum, qui cum liber esset,
conseri noluerit, ipsum sibi libertatem abjudicasse ». Cfr. Mommsen, *Strafrecht*, p. 43-46; Girard, *Org. jud.*, I, p. 107, n. 1, et p. 108, n. 5 et 6.

(3) Ce cas n'est pas cité par Cicéron, mais il cite celui du fils vendu par son
paterfamilias, et qui dans l'opinion commune (Karlowa, *Röm. Rechtsgesch.*,
II, p. 82, n. 4; Schmidt, *Das Hauskind in mancipio*, p. 3, n. 11; Cuq, *Les
institutions juridiques des Romains*, 1re édit., I, p. 157, n. 7 et 8), perd la
civitas et la *libertas.* « Si pater vendidit eum quem in suam potestatem
susceperat, ex potestate dimittit ». *Pro Cæc.*, 34, 99; *de Orat.* I, 140; Cohn
(*Beiträge*, p. 71, n. 1) et Krüger (*Cap. dem.*, p. 84 sq.), soutiennent cependant que le droit de vente trans Tibérim du *paterfamilias* n'a jamais existé.

(4) *Pro Cæc.*, 34, 99. « Quod si maxime iisce rebus adimi libertas aut
civitas potest; non intelligunt, qui hæc commemorant, si per has rationes

un passage bien connu, déclare que la perte de la *civitas*
arrive à l'exilé parce qu'il se fait accepter comme citoyen
d'une autre cité, c'est-à-dire en somme par sa propre volonté. Enfin, dit Cicéron, j'ai donné plus d'exemples qu'il
n'est nécessaire afin de montrer à tous que jamais le droit
de cité n'a été ravi à personne et qu'il ne pouvait l'être : *ut
omnes intelligerent, nec ademptam cuiquam civitatem esse,
nec adimi posse* ».

Telle est la conclusion du long passage de Cicéron que je
viens d'analyser : la *civitas* (en dehors des cas où elle est
perdue par la volonté de l'intéressé ou de son *paterfamilias*)
n'a été enlevée à personne, et ne peut être enlevée à personne. Tous les développements de Cicéron ont tendu à ce but
unique, et dans tous on retrouve principalement une question
de droit de cité. A plusieurs reprises, il parle de *libertas*, mais
il prend l'expression dans le sens de liberté accessoire nécessaire de la cité, ou de liberté de fait. Pour lui, la *libertas*
juridique correspond à l'état de celui qui est *liber ex jure
quiritium*, c'est-à-dire *civis; civitas* et *libertas* sont les deux
aspects d'une même situation (1).

Cette conception, absolue à l'époque primitive, subsiste
encore en principe, et cependant les deux expressions ten-
dent à prendre un sens distinct, qui permet, dans une certaine mesure, de les opposer l'une à l'autre; l'*incensus* et
l'*infrequens* d'une part, l'exilé *receptus in aliam civitatem*,
et le romain *deductus in latinam coloniam* d'autre part, perdent tous *civitas* et *libertas ex jure Quiritium*; mais les deux
premiers deviennent esclaves, les deux autres restent libres.
C'est cette différence grave, quoique toute de fait, qui permet à Cicéron d'opposer dans son raisonnement, la *libertas*
et la *civitas : deinde nihil rationis affers quamobrem si liber-*

adimi majores posse voluerunt, alio modo noluisse? Nam ut hæc ex jure
civili protulerunt, sic afferant velim, quibus lege aut romana civitas aut
libertas erepta sit ».

(1) Mommsen, **Dr. publ.**, VI, 1, p. 69, « la *libertas* et la *civitas* se confon-
dent comme principe ».

tas adimi nullo modo possit, civitas possit [1] ». Cicéron veut
dire : si on ne peut enlever la *civitas* avec perte, en fait, de
la liberté, on ne peut *a fortiori* enlever la *civitas* seule, sans
perte, en fait, de la liberté; et c'est pourquoi, dans la suite
du texte, il cite pêle-mêle, les cas de l'*infrequens*, de l'*incensus*, du *deductus in latinam coloniam*, de l'exilé *receptus in
aliam civitatem*, de la femme d'Arretium, etc...; dans tous
ces cas, c'est la perte de la *civitas* qui est en jeu et partant
tous peuvent être invoqués dans un procès, comme le *pro
Cæcina*, où il s'agit d'une question de perte de la *civitas* et
dont la conclusion est uniquement relative à la *civitas*.

F. DESSERTEAUX,

*Professeur à la Faculté de droit
de l'Université de Dijon.*

(1) *Pro Cæc.*, 33, 96. *Suprà*, p. 170.